Hella Henckel

Rosenträume

Bezaubernde Dekoideen mit Rosen

BLOOM's

Die Blume der Liebenden

Kaum jemand, der sich dem Charme und Liebreiz der Rose entziehen kann! Die Rose ist die Blume, die die Sympathie nahezu aller Menschen auf sich vereint. Und wie keine andere Blume führt sie nach wie vor die Beliebtheitsskala an – und das seit Jahrzehnten! Seit Jahrhunderten rühmen Dichter und Poeten ihre Schönheiten, lassen sich von ihrem Duft, ihren Farben und ihrer Aura beflügeln. Gärtner, Züchter und passionierte Pflanzenliebhaber hegen und pflegen diese vielgestaltige Pflanze und haben Hunderte, wenn nicht sogar Tausende von Sorten hervorgebracht – eine schöner als die andere. Ob die Eleganz einer makellosen, langstieligen Gewächshausrose, das Ungestüme eine prall gefüllt blühenden, stark duftenden Sommersorte, das Charmante einer ungefüllten Gartenrose – ob anmutig und mit Demut oder kapriziös und in voller Pracht zieht sie stets die Blicke auf sich. Und nicht nur Schmetterlinge und Bienen erliegen ihren Verführungen, auch unsere Nasen suchen nach ihren Reizen. Unvergleichlich ihr Aroma, nachhaltig ihre Noten, belebend und betörend zugleich ihr Duft. Angesichts einer Rose aktivieren sich Gefühle und Stimmungen, wie bei kaum einer anderen Blume. Wen wundert's, dass da schon Heinrich Heine sagte:

Der Schmetterling ist in die Rose verliebt,
Umflattert sie tausendmal,
Ihn selber aber, goldig zart,
Umflattert der liebende Sonnenstrahl.
Jedoch, in wen ist die Rose verliebt?

Ich liebe die *Rose* als
das Vollkommenste,
was unsere deutsche Natur
als Blume gewähren kann.

Johann Wolfgang von Goethe (1749–1832)

Auf einen stärkeren Draht werden gleichmäßig große Rosenblüten gefädelt, der dann zum Ring als **Blütenkränzchen** geschlossen, per Öse fixiert und mit Kordel- und Schleifenbindung geschmückt wird.

Rosenblütenball Das schmückt nicht nur die Wiese zum Gartenfest, sondern auch die Tafel. Unterschiedlich große und farbige Blüten werden dafür in eine gewässerte Steckschaumkugel gesteckt.

Der **Rosenbogenschmuck** für die Gartentafel steckt in zwei schlanken Vasen, die die Rosentriebe zunächst gerade nach oben führen. Dann werden sie, sich bogenförmig aufeinander zuneigend, mit Draht fixiert. Die Blüten stecken jeweils in einem mit Moos umwickelten Stück gewässerten Steckschaum, der an den Rosentrieben seitlich am Bogen fixiert wird.

Eine gewässerte, erst mit Moos dann den Blüten besteckte Halbkugel trägt dieses **Rosenblütengesteck.** Zum Schluss werden Efeuranken umkränzend hinzugefügt und gebündelte Kordeln mit einer Efeuhafte im unteren Bereich hinzugesteckt.

Die Rose spricht alle

Sprachen der Welt.

Ralph Waldo Emerson (1803-1882)

Blütenschale Glücklich, wer solch eine Glasschale sein eigen nennt. Sie wird mit Wasser gefüllt, dann kurze Oliventriebe hineingelegt, bevor die Rosenblüten mit kurz geschnittenem Stiel sowie Schleierkrauttriebe und Lavendelstängel hinzugesteckt werden.

5 Fragen ...

... an die Rosenexpertin

Dany Eschenbüscher, Floristin

1. Es gibt so unendlich viele Rosensorten. Woran erkenne ich, welches die besten sind?

Grundsätzlich sollten Sie Rosen nur im Fachhandel einkaufen, also im Gartenmarkt, im Gartencenter oder beim Floristen. Pflanzen aus dem branchenfremden Handel werden oft nicht fachgerecht behandelt, was sich beim späteren Wachstum bemerkbar macht. Außerdem sollten Sie auf das ADR-Prädikat ("Allgemeine Deutsche Rosenneuheitenprüfung") achten. Damit werden nur widerstandsfähige Sorten ausgezeichnet, die ohne Einsatz von Chemie eine gute Blühstärke und Frostresistenz aufweisen.

2. Warum ist der Schnitt bei Rosen so wichtig?

Ein fehlender Schnitt macht Rosen anfällig. Im Frühjahr sind alle schwachen und geschädigten Triebe bis ins gesunde Holz zurückzuschneiden. Auch die verbleibenden Triebe sollten eingekürzt werden. Beim Sommerschnitt im Juni oder Juli wird alles Verblühte entfernt, das fördert Nachblüte und verhindert Krankheit. Auch kann ein weniger dichter Strauch besser nach Regengüssen abtrocknen, was Krankheiten verhindert.

3. Welche Standorte sind für Rosen richtig?

Rosen benötigen idealerweise lehmigen bis humusreichen Boden, der auch Sandanteile hat. Außerdem brauchen Rosen Licht und Luft. So sollten sie nicht in zu dunkle oder schattige Ecken gepflanzt werden. Sie lieben Sonne und auch Wind, das lässt sie schnell abtrocknen nach Regen, so dass Pilzkrankheiten, wie Mehltau, Sternrußtau oder Rosenrost erst gar nicht entstehen können.

4. Wann sollte man am besten Rosen pflanzen?

Im Herbst. So ist im November der Boden meist noch frostfrei, lässt sich also gut bearbeiten, und ist feucht. Das fördert ein schnelles und gutes Faserwurzelwachstum, ohne dass die Pflanze sich auch mit oberirdischem Wachstum entkräften muss. Bei den ersten Sonnenstrahlen im Frühjahr startet dann das normale Wachstum und es bilden sich die Knospen aus.

5. Welche anderen Pflanzen passen zu Rosen?

Am besten pflanzt man niedrig wachsende Pflanzen zu Rosen, die im unteren Bereich für das Bedecken der Bodenoberfläche und damit für gleichbleibende Bodenfeuchte sorgen. Seitens ihrer Laubstruktur als auch der Laubfarbe sollten sich die Ergänzungen ergeben. So passt Lavendel mit dem silbrigen, schmalblättrigen dichten Laub ideal. Auch die verschiedenen Minzearten ergänzen sich gut zu Rosen. Seitens ihrer Blüten passen außerdem Schleierkraut, Sonnenhut, Rittersporn und Frauenmantel.

Üppig und geradezu romantisch wirkt eine **Blütenglasschale,** wenn die gläserne Basis zunächst mit rundlich zum Kranz gelegten Trieben, z. B. von der Wicke, belegt wird und dann mit allerlei Rosen-, Gräser-, Frauenmantelblüten und Trieben vom Harfenstrauch flächig besteckt und gefüllt wird.

Solch ein **blumiger Kerzenschmuck** verzaubert die sommerliche Gartentafel. Dazu wird auf den Silberleuchterfuß ein gewässerter Steckschaum fixiert, der mit Rosenblüten in verschiedenen Farben, Kamille- und Frauenmantelblüten besteckt wird.

Anstatt zu klagen,
dass die Rosen Dornen haben, sollst du
Freude haben, dass der Dornstrauch Rosen trägt!

Österreichisches Sprichwort

Zart wie ein Versprechen wirken diese schmückenden **Platzanweiser.** Dazu werden Rosenblüten in Weingläser gelegt, ihre Stiele mit Spitzenband und dünnem Goldband geschmückt und der Name des Gastes auf ein schmales Stück Papier geschrieben, das mit transparentem Tesaband quer über das Glas geklebt wird.

Für die mit Rosen geschmückte **Menükarte** eine entsprechend große, einmal gefaltete Briefkarte aus rotem, handgeschöpftem Papier nehmen. Für die gerissen wirkende Kante die Ränder ca. 0,5 cm breit mit Wasser befeuchten und vorsichtig mit dem Finger auszupfen. Nach dem Trocknen erst das mit „Menü“ beschriebene Etikett aufkleben, dann dessen Rand mit einzelnen Rosenblütenblätter mithilfe von Kaltkleber verzieren.

Das **Windlicht** erhält die Rosenbasis, in dem der runde Glaszylinder mit der Kerze auf eine im Durchmesser etwas größere runde gewässerte Steckschaumbasis gestellt und rundherum mit Rosen-, Frauenmantelblüten und Hirtentäscheltrieben besteckt wird. Für die Manschette einen Pappstreifen in der Höhe des Steckschaums und in der Länge des Umfangs nehmen und mit den Rosenblütenblättern mittels Kaltkleber mehrlagig bekleben. Dann um die Steckbasis legen und daran mit Draht fixieren.

Pistazien-Rosen-Pralinen

Zutaten
(für ca. 50 Pralinen)

180 g ungesalzene Pistazien, 200 g gemahlene Mandeln, 3 gehäufte TL Puderzucker, 5 EL Rosenwasser, 400 g weiße Schokolade, essbare Rosenblätter zum Bestreuen

Zubereitung

Die Pistazien mit den Mandeln im Mixer zerkleinern und mit dem Puderzucker mischen. Rosenwasser dazugeben und gut verkneten. Die Arbeitsfläche mit Puderzucker bestäuben, die Masse ca. eineinhalb Zentimeter dick ausrollen und in Würfel schneiden. Anschließend zu Kugeln formen und in die im Wasserbad geschmolzene Schokolade tauchen. Zum Trocknen auf Backpapier legen und nach Belieben mit klein gehackten Rosenblättern betreuen.

Und so werden die Pralinés verpackt:
Flachen, schönen Karton nehmen und mit den Pralinés füllen, die einzeln in Pralinenpapierförmchen liegen. Dazu entweder einen gekauften Karton nehmen oder eine ausrangierte Pralinenschachtel mit schönem Papier bekleben. Dann Deckel aufsetzen, ein Spitzenband und ein rosafarbenes Satinband umschlingen und verknoten. Bandenden einkürzen, eine Rosenblüte unter das Band schieben und daran fixieren.

Drei Rosen schenk ich dir. Die Erste ist für's Wohlergehen.
Die Zweite für das Wiedersehn.
Die Dritte aber leise spricht: *Ich hab dich lieb,*
vergiss das nicht!

Verfasser unbekannt

Sie haben keine passende Vase für den Rosenstrauß zur Hand? Dann tut's auch eine x-beliebige Flasche im **Papierschlauch.** Dazu aus violettem Papier zwei gleichgroße Rechtecke in der Breite des doppelten Flaschendurchmessers und in der Höhe derselben ausschneiden, an den Rändern bis auf eine Schmalseite zusammenkleben und an der offenen Seite die Flasche einstellen. Fertig ist die schmucke Vase.

Zauberhaft korrespondiert der liebevoll zusammengestellte **Serviettenschmuck** mit dem Dekor des Desserttellers: Auf eine weiße Stoffserviette wird ein papierenes Pralinenförmchen gelegt, mit zwei, drei Rosenblütenblättern, einem rosafarbenen Maccaron und einer Rosenblüte gefüllt sowie einem Hirtentäschelstängel getoppt. Schließlich wird ein rosa Band um die Serviette geknotet, so dass sich die Serviette leicht um dieses Förmchen wölbt.

Wer kann schon dieser Versuchung widerstehen? Der **Rosenblütenkranz,** bei dem Blütenköpfe auf einen Draht aufgezogen und dann zu einem Kranz geschlossen worden sind, schmückt eine Glasglocke. Diese birgt köstliche Maccarons – passend zum festlichen Anlass auf einer Sommerrosentafel.

Omas Sammeltassen mit Rosenmotiv bekommen eine ganz neue Funktion, wenn sie zur **Zierde der Kaffeetafel** mit Rosen-, Frauenmantelblüten und den Blütenständen der Fetten Henne gefüllt werden. Dazu die Floralien auf einen ca. 4 Zentimeter langen Stiel einkürzen und dicht an dicht in die mit etwas Wasser gefüllte Tasse stellen. Fürs Windlicht mittig noch ein Klarglas mit Teelicht platzieren.

An meine Rose

Frohlocke, schöne junge Rose,
Dein Bild wird nicht verschwinden,
wenn auch die Glut, die dauerlose,
verweht in Abendwinden.

So süßer Duft, so helle Flamme
kann nicht für irdisch gelten;
Du prangst am stolzen Rosenstamme,
verpflanzt aus andern Welten;

O weilten wir in jenen Lüften,
wo keine Schranke wehrte,
dass ich mit Deinen Zauberdüften
die Ewigkeiten nährte!

Doch hat, du holde Wunderblume,
mein Herz voll süßen Bebens
Dich mir gemalt zum Eigentume
ins Tiefste meines Lebens.

Nikolaus Lenau (1802-1850)

Sommercharme So bekommen kleine Gläschen und schöne Klarglasflaschen eine neue Bedeutung. Erst mit Wasser, dann mit Rosenblüten, dazu einigen Stängeln vom Frauenmantel gefüllt, schmücken sie zu mehreren zusammengestellt die Kaffeetafel. Ohne dunkle Laubblätter wirkt alles leicht und beschwingt, wie ein sonniger Sommertag!

Die doppelstöckige **Rosentorte** ist der Mittelpunkt der festlichen Kaffeetafel. Dazu wird eine kleinere gewässerte, runde und mit knospigen Rosenblüten besteckte Steckschaumbasis auf eine größere und mit größeren Rosenblüten besteckte Basis gestellt und auf eine Tortenplatte mit Fuß platziert. Die Oberseiten werden jeweils außen mit dem Krautigen von Hirtentäschel, die obere Etage zudem mit rosafarbenen Nelkenblüten besteckt. Mehrere rote und rosafarbene Satinbänder sind mit einer Schmucknadel im höchsten Punkt fixiert.

Madame Pomadour lässt grüßen. Die Betonschale als Gartentreppenschmuck ist mit rosa Topfrosen, Sommerlavendel und rosa Zauberglöckchen bepflanzt. Zwei geweißte Äste zieren diese **Blütenschale** seitlich.

Idyllischer kann das **Sommer-Lieblingsplätzchen** nicht sein! Die von der Sonne gewärmte Natursteinmauer bietet nicht nur einen Rückzug für Romantiker, sondern auch dem fast zwei Meter hohen Rosenstock einen idealen Lebensraum.

A und O der Rosenschönheit ist die richtige Pflege. Damit die Pflanzen nicht zu groß werden und gut nachblühen, werden Triebe mit verblühten Blüten zurückgeschnitten, bis ca. einen Zentimeter oberhalb des darunterliegenden Wachstumspunktes. Gute, nährstoffreiche und stets durchfeuchtete Erde tut ein Übriges, dass die Rosenliebhaberin lange Freude an ihren Pflanzen haben wird.

Schöner lässt sich ein Mauersims nicht schmücken! Das **Rosenpflanzen-Trio** ist jeweils in schlichte Tontöpfe gepflanzt, die mit verschieden breiten und gemusterten Bändern in zarten Pastellfarben verziert sind.

Die steinerne amphorenähnliche Schale ist ganz im **Old-England-Style** bepflanzt. Drei rosablühende Rosenstöcke werden begleitet von dem dunkellaubigen Purpurglöckchen und dem hellblauen Blütensalbei.

Zwei **Rosenhochstämmchen** rahmen die Sitzecke mit dem Mauervorsprung ein. Unterpflanzt sind sie mit anderen sommerblühenden Stauden. Jeweils zwei Herzen finden sich am stützenden Stab.

Wissenswertes

Das richtige Werkzeug

für die Rosenpflege

Handschuhe: Sie sind unverzichtbar! Schließlich dienen sie dem eigenen Schutz gegenüber den oft spitzen Dornen der Rosen, die eigentlich ja Stachel sind. Damit diese nicht durch dünne Stoffe stechen und Sie verletzen, sollten Sie auf widerstandsfähige Handschuhe achten, möglichst mit Lederbesatz oder sogar komplett aus Leder.

Rosenschere: Rosen zu pflegen, bedeutet, sie ständig zu schneiden. Dafür lohnt die Anschaffung einer Schere mit besonders langem Griff. So kommen Sie auch an die weiter hinten oder oben wachsenden Bereiche, ohne dass Sie sich zu stark inmitten der Pflanzen hinein begeben müssen. Natürlich tut es auch eine normale Rosenschere, wenn Ihr Rosenbeet schmal ist und Sie die Pflanzen gut erreichen können. In jedem Fall sollten eingesetzte Scheren sehr scharf sein, damit ein sauberer, glatter Schnitt entsteht. Je unsauberer und angequetschter ein Schnitt durch das Rosenholz ist, desto mehr öffnet dieser Bakterien, Pilzen und anderen Krankheiten Tor und Tür, was unbedingt zu vermeiden ist. So empfehlen sogar einige Gärtner, jede Schnittstelle sofort mit Rosenwachs zu verschließen. Übrigens schont eine gut und sauber schneidende Rosenschere auch Ihr Handgelenk! Schnell kann es ansonsten nämlich bei Überanspruchung zu schmerzhaften und langwierigen Entzündungen kommen. Eine gute Schere weist darüberhinaus auch einen Verschluss auf. So sichert man die Schere vor dem unkontrollierten Öffnen, was zu Verletzungen im unbedachten Umgang führen kann, vor unbefugten Kinderhänden und davor, dass die empfindlichen Schneidflächen der Schere im unbenutzten Zustand durch andere Werkzeuge beschädigt werden.

Rosengabel: Zum Messer gehört auch die Gabel für die Erdarbeiten. Diese sollte in Form eines schmalen Spatens sein und zwei Zinken statt einer Schaufelfläche aufweisen. Damit lässt sich leicht zwischen den Rosenpflanzen die Erde auflockern und somit Sauerstoff an die Pflanze heranbringen. Außerdem lässt sich damit die Erde um die Stöcke herum anhäufeln. Dieses sorgt für gutes Triebwachstum und es schützt die empfindlichen Wurzeln vor zu schnellem Austrocknen.

Kleidung: Die Rosenliebhaberin wird die richtige Kleidung schnell schätzenlernen. Fest sollte das Gewebe der Hose sein, damit die Dornen der Rosen nicht in den Stoff eindringen, sich darin verhaken und hindurch stechen können. Am besten sind Latzhosen, die auch den Bereich der Taille und die vordere obere Körperpartie schützen. Viele breite und tiefe Taschen sollte eine gute Gartenhose aufweisen, wo sich vom Messer bis zum Handschuh so manches griff- und einsatzbereit verstauen lässt.

Keine Hochstapelei ist es, wenn gleich mehrere der geliebten **Sammelrosentassen** übereinander mit Blüten besteckt und einem Windlicht getoppt werden. So kommen alte Schätze zu ganz neuen Ehren auf der Kaffeetafel.

Rosige Sammelleidenschaft im wahrsten Sinne des Wortes. Auch hier dienen Einzelstücke unterschiedlicher Kaffeeservice aus Großmutters Zeiten der Rosenblütenvielfalt als Vasen. Das Geschirr ist auf dem Tablett ganz selbstverständlich neben- und auch übereinander zusammengestellt und mit Wasser gefüllt. Ein paar Zinnien, Duftwicken oder Wiesenkerbel aus dem sommerlichen Garten haben sich unter die rosige Pracht gemischt.

An Rosen muss man einfach riechen! Sie duften nach Bananen oder Erdbeeren, haben Aromen wie Orangen oder Zitronen und Assoziationen mit Maiglöckchen, Myrrhe, Honig oder Heidelbeeren stellen sich ein. Jeder Rosenduft ist anders. Nehmen Sie eine Nase voll!

Sommerliche Rosenblütenetagere Hier ist zum Ladies' Tea geladen! Maccarons und Muffins mit rosigen Schaumtoppings werden auf den Etageren dargeboten, die außerdem den Rosenblütenschmuck tragen. Dazu die jeweilige Etagerenebene in der Mitte mit passend zurecht geschnittenem und gewässertem Frischblumensteckschaum füllen und dicht an dicht mit den Sommerblüten bestecken. Neben Rosen finden sich auch Wiesenkerbel, Bartnelkenblüten, Wicken, Schönkelch und vieles mehr.

Rosenschmuck in der Tüte

Das brauchen Sie

3 braune Spitztüten wie vom Obst- und Gemüsehändler, 3 Bögen Butterbrotpapier, 2 breite Wassergläser, Spitzenband, 3 Kunststoffröhrchen, einen größeren Teller oder eine Kuchenplatte, Erdbeeren und etwas Erdbeerlaub, verschiedene gefüllt blühende Rosensorten

So wird's gemacht

Die braunen Obsttüten jeweils mit einem Bogen Butterbrotpapier ausschlagen, den Rand von innen nach außen umschlagen und etwas aufkrempeln. Dann die wassergefüllten Gläser einstellen und diese mit den Rosen füllen. Zum Schluss Spitzenband um die Tüte legen und zur Schleife binden. Die dritte Tüte ebenfalls mit Butterbrotpapierbogen ausschlagen, dann mit Erdbeeren füllen. Einige Rosenblüten in die wassergefüllten Kunststoffröhrchen stecken und diese zwischen die Erdbeeren stecken. Die Tüte mit Spitzenband umwickeln und eine Schleife binden. Diese Tüte auf den Teller legen und zusammen mit den beiden Rosen gefüllten Tüten auf der Kaffeetafel platzieren.

Die erste Rose

Als die Rosen wurden grün,
O wie freut' ich mich so sehr!
Und wenn sie nun nächstens blüh'n,
O dann freu' ich mich noch mehr!

Dankbar spendet mir der Strauch
Seine volle Blütenpracht;
Hab' ich ihn gepflegt doch auch
Und so gerne sein gedacht.

Und so soll auch mein Gemüt
Blüh'n in Freud' und Dankbarkeit,
Wie die erste Rose blüht
In der schönen Maienzeit.

Und das Schönst' in Wald und Flur
Will ich froh und dankbar weih'n,
Auch die erste Rose nur
Meinem lieben Mütterlein.

August Heinrich Hoffmann von Fallersleben
(1798–1874)

Für eine Rose gibt es nur einen einzigen Gärtner auf der Welt.

Bernard Le Bovier de Fontenell
(1657-1757)

It's tea time Leere Teetüten aus dem Teeladen mit ihren unterschiedlichen Etiketten sind passende Behältnisse für den Rosenstraußschmuck bei der nächsten Teeparty. Einfach kleine wassergefüllte Väschen in die Teetüten stecken, jeweils mit einer erblühten Rosenblüte und etwas rosafarbenem Schleierkraut füllen und ein Holzspieß mit angeknotetem Schmuckband hinzu stecken. Die Gäste zum Five o'clock-Tea können kommen!

Dieses Mal ruhen mit Rosen, Hortensien und Buchsbaumlaub besteckte Kugeln auf den Tortenplatten. Kleine Accessoires thematisieren zudem die Idylle dieser **Teezeremonie,** der Rosen in Altrosa zusammen mit den Trockenfruchtständen ihren Charme verleihen.

Blechdosen sollte man nie wegwerfen! Insbesondere mit Rosenblüten bilden sie ein **Stillleben voller Liebreiz** und Zeitlosigkeit. Dazu die Dosen entweder direkt mit Wasser befüllen und Rosen bestecken oder aber ein entsprechend passendes Wasserglas als Innengefäß verwenden, was dann das Wasser und die Rosen, grüne Hortensienblüten sowie ein paar verblühte Blütenstände der Hortensie aufnimmt.

Rosentee

Zutaten
(für ca. 1,5 l Tee)

15 Köpfe von Duftrosen unterschiedlicher Sorte,
1 Stängel Minze, 2 Stängel Zitronenmelisse, 1 großes Blatt Süßdolde

Zubereitung

Die Blütenblätter von den Köpfen lösen und zusammen mit den übrigen Zutaten in eine Kanne geben mit 1,5 Liter kochendem Wasser übergießen, 3 Minuten ziehen lassen – nicht länger, sonst wird der Geschmack grasig und die Minze zu dominant, den Tee durch ein Teesieb abgießen. Schmeckt besonders gut mit etwas Kandis oder einem Löffel Honig.

Alternativ die Zutaten an der Luft oder im Ofen bei kalter Umluft trocknen lassen, anschließend in einer Blechdose aufbewahren. Für den Aufguss ca. 4 Esslöffel der getrockneten Rosen und Kräuter in eine Teekanne geben, 5 Minuten ziehen lassen, anschließend den Tee durch ein Teesieb abgießen und mit Kandis oder Honig servieren.

Eine kleine Extra-Idee: **Selbst gesammelter und getrockneter Rosentee ist ein liebevolles Geschenk für gute Freunde. Dazu die getrockneten Blütenblätter in kleine Cellophantüten füllen und mit einer Bandschleife versehen. Ob zum Nachmittagstee im Sommer oder im Winter, über solch ein Mitbringsel freut sich jede Gastgeberin!**

Warum nicht zum zehnten Hochzeitstag eine **Rosenblütenkugel** statt eines Rosenstraußes verschenken? Am Besten lässt man sie vom Floristen anfertigen. Als Basis dient eine gewässerte Steckschaumkugel, in die die unterschiedlich großen und farbigen Rosenblüten gleichmäßig dicht an dicht eingesteckt werden. Auf einem farblich passenden Kissen präsentiert, wird dieses Präsent zum Hochzeitsjubiläum Maßstäbe setzen!

Leute, die auf *Rosen* gebettet sind,
verraten sich dadurch, dass
sie immerzu über die Dornen jammern.

Françoise Sagan (1935–2004)

Oft ist das Einfachste das Begeisterndste! Denn der Liebreiz einzelner Rosenblüten braucht kaum mehr als die richtige **Präsentation.** Kleine Klarglasflaschen sind jeweils mit einer einzigen Blüte versehen. In größerer Menge wirken diese Vasen ganz besonders schmückend auf dem Tisch. Die Glasfläschchen erhalten noch ein mit dem Namen des Gastes versehenes Schmuckband.

Das gilt auch für die bauchigen Bowlengläser, die mit Rosen oder Teelichtern gefüllt sind. Auf einem Tablett – nicht nur optisch zusammengefasst, ergeben sie einen stimmungsvollen **Anblick,** wenn man an lauschigen Sommerabenden in froher Runde bei einem Gläschen Wein zusammensitzt.

Hier darf genascht werden! Die mit Bändern geschmückte **Etagere** hält leckere Süßigkeit in kleinen Schnapsgläschen bereit. Die Rosenblüten und einige Rosenblütenblätter zieren dazwischen. Für ihre bessere Haltbarkeit lässt man die Rosen in der Nacht zuvor gut Wasser ziehen, dann wird der kurz unterhalb der Rosenblüte abgeschnittene Stiel sofort in flüssiges Wachs getaucht. So hält die einzelne Blüte mehrere Tage lang!

Ein Seufzer

Schlimme Lose,
dass der himmlische Zorn
jeder Rose
beigegeben den Dorn.

Aber schlimmer,
dass die Rose verblüht,
und noch immer
sticht der Dorn im Gemüt.

(Friedrich Rückert (1788-1866)

Rosenrunde Für den Tischkranz mit cremegelben Rosen wird eine mit Steckschaum versehene Kranzunterlage gewässert und zunächst im unteren Bereich mit Frauenmantelblättern besteckt. Im oberen Kranzbereich werden Rosen zusammen mit Blüten der Fetten Henne, der Hortensie sowie Silberblatt-, Skabiosen- und Perückenstrauch-Fruchtstände dicht an dicht eingesteckt.

Die Rosenbowle im gläsernen Bowlengefäß erhält ein **Kränzchen-Topping.** Dazu Frauenmantelblüten mit Zierdraht auf einen Wellendrahtring wickeln, anschließend einzelne Rosenblütenblätter mit Kaltkleber aufkleben.

Rosenbowle

Zutaten
(für 1 großes Bowleglas)

250 g ungespritzte Duftrosenblütenblätter, 150 g Zucker, 100 ml Orangenlikör, Saft von 2 Zitronen, 1 Flasche trockenen Weißwein, 1 Flasche Champagner

Zubereitung

Die Duftrosenblütenblätter mit dem Zucker, dem Orangenlikör und der Zitrone eine bis zwei Stunden im Kühlschrank ziehen lassen. Die Flasche Weißwein zugießen und nochmals ca. zwei Stunden ziehen lassen. In ein Bowlegefäß abseihen, mit eisgekühltem Champagner auffüllen und mit einigen frischen Blütenblättern verzieren. Für den Vorrat lassen sich Rosenpetale auch einfrieren oder trocknen.

Serviettenschmuck Zum einen werden Rosenknospen auf einen Steckdraht gezogen und dieser zum Ring geschlossen. Zum anderen werden Frauenmantelblüten mit Zierdraht auf einen Steckdraht gewickelt und dieser ebenfalls zum Ring geschlossen. Für beide Serviettenkränzchen ein rechteckiges Stück Pergamin mit den Namen der Gäste beschriften und diese mit einem Satinband am Kränzchen und an der Serviette fixieren.

Windlichterschmuck Große, auf jeweils einen Steckschaumring gearbeitete Kränze schmücken die weiten Windlichtgläser. Aufgrund der Höhenstaffelung haben sie eine besondere Wirkung. Ranken und flusige Floralien begleiten die Rosenblüten.

Rosen-Muffins

Zutaten
(für acht Törtchen)

200 g Mehl, 2 ½ TL Backpulver, 2 EL feiner Vollrohrzucker, 1 Prise feines Meersalz, 40 g geriebene Mandeln, 150 ml Milch, 60 g Rosen- oder Hagebuttenkonfitüre, 1 Ei, 30 g zimmerwarme, flüssige Butter, 1–2 EL Rosenlikör oder Rosensirup

Zubereitung

Den Backofen auf 180 °C vorheizen. Mehl, Backpulver, Zucker, Salz und geriebene Mandeln mischen. Milch, Konfitüre, Ei, flüssige Butter und Rosenlikör gut verarbeiten, zum Mehl geben und alles zu einem glatten Teig verrühren. Die Förmchen mit Butter auspinseln und den Teig einfüllen. Die Muffins auf dem mittleren Rost bei 180 °C für 25 bis 30 Minuten backen. Mit Puderzucker und ungespritzten Rosenblütenblättern verzieren. Lauwarm schmecken die Muffins besonders lecker!

Egal ob Sirup, Likör oder Rosenöl: Das intensivste Aroma entsteht aus den Blütenblättern der Damaszenerrose. Das Rosenwasser, das all den duftenden Wässerchen zugrunde liegt, wird aus vielen, vielen Blättern destilliert. In jedem einzelnen Tropfen steckt die Essenz aus rund 30 Blüten – unvorstellbar, oder? Kein Wunder, dass die Kostbarkeit ihren Preis hat! Günstigere Öle sind meist synthetisch hergestellt. Für die Küche lohnt es sich, auf kontrolliert biologische Herkunft zu achten.

Der Rose süßer *Duft* genügt,
man braucht sie nicht zu brechen.
Und wer sich mit dem Duft begnügt,
den wird ihr Dorn nicht stechen.

Friedrich von Bodenstedt (1819–1892)

Rosen begleiten das zauberhafte Gesicht der Braut! Für diesen Haarschmuck werden die Blüten mithilfe von Kaltkleber auf eine große Haarspange geklebt und die neue **Rosenkönigin** ist geboren.

Gefüllt blühende Rosen geben diesem ländlich wirkenden **Brautstrauß** den besonderen Akzent. Alle Floralien, dazu auch Blüten vom Schleierkraut, dem Sommerschneeball, dem Runzelblättrigen Schneeball, der Fetten Henne, vom Frauenmantel und Zittergras, werden in das Steckschaumkörbchen eines Brautstraußhalters gesteckt. Der Griff wird mit Band umwickelt und vorne eine angedrahtete, große Schleife aus grünem Seidenband eingesteckt.

Leise zieht durch mein *Gemüt*

Leise zieht durch mein Gemüt
Liebliches Geläute.
Klinge, kleines Frühlingslied.
Kling hinaus ins Weite.

Kling hinaus, bis an das Haus,
Wo die Blumen sprießen.
Wenn du eine Rose schaust,
Sag, ich laß sie grüßen.

Heinrich Heine (1797–1856)

An einem offenen Paradiesgärtchen geht der *Mensch* gleichgültig vorbei und wird erst traurig, wenn es verschlossen ist.

Gottfried Keller (1819–1890)

Platznehmen an der Hochzeitstafel! Die mit Rosen geschmückte **Hochzeitstafel** ist im Garten gedeckt. Bereits am Stuhl weist ein mit Blüten und Bändern geschmücktes Namenskärtchen jedem Gast seinen Platz an. Die Platze der Braut und des Bräutigams sind mit blütenreichen Girlanden umkränzt.

Rechteckige **Blütengestecke** ziehen sich wie ein langes Blütenband längs über die Tafel. Für die einzelnen Gestecke sind die Blüten dicht an dicht in die gewässerten, länglichen Steckschaumunterlagen gesteckt worden. Jeweils drei Stabkerzen sowie angedrahtete Schleifen mit lang herabfließenden Bandenden werden seitlich in die blumige Pracht gesteckt.

Streutütchen für die Gäste. Dreieckig geschnittenes Papier mit Rosenmuster wird zur Tüte gerollt und an den beiden sich überlappenden Seiten verklebt. Mit Rosen- und anderen Blütenblättern gefüllt, erhalten die Gäste diese Tütchen, um das Braut- oder Jubelpaar mit einem Blütenblätterregen zu begrüßen.

Die mit rotem Marzipan überzogene, dreistöckige **Festtorte** ist mit einzelnen Rosenblütenblättern, ein paar Sommerschneeball- und Hortensienblüten besteckt. Das Fest kann beginnen!

Nun muss sich der Bräutigam sputen: Der Brautstrauß ist fertig, nun schnell hin zur Braut! Der kugelrunde Brautschmuck ist auf einen Brautstraußhalter gearbeitet. Verschiedene Rosenblüten, sowie ein paar Skabiosenblüten und Nelken in Weiß bis Rot und Braun bestimmen seine Farbigkeit. Ein paar Tillandsienblätter durchbrechen die rundum runde Sache!

Nicht nur einen Rosenbrautball am Band in der Hand, sondern auch einen mit Rosen geschmückten Gürtel um die Taille der Braut im schneeweißen Brautkleid geschlungen, macht diese **Festrobe** aus. Dazu werden verschiedene Rosenblüten mittels Kaltkleber auf einen passenden Gürtel, der mit rosa Stoff umgeben ist, geklebt.

Die **Rosengirlande** dominiert ein ganzes Fest. Auf einen Strick werden die einzeln angedrahteten Rosenblüten aufgebunden. Auflockernd finden sich dazwischen einige rosafarbene Schleierkrautbüschelchen und grauweiße, gebogene Blätter der Tillandsie. An den Enden sind mehrere Bänder in den Farben der Rosenblüten von Weiß über Rosa bis Rötlich angebunden.

Ein silberner Kerzenleuchter dient als Träger des kugelrunden **Blütenschmucks** für die Festtafel. Dazu ist eine Steckschaumkugel auf dem silbernen Fuß fixiert, gewässert und anschließend besteckt worden.

Blumen sind die schönen Worte
und Hieroglyphen der Natur,
mit denen sie uns andeutet,
wie lieb sie uns hat.

Johann Wolfgang von Goethe (1749–1832)

Der Kopfschmuck ist auf ein Spitzenband gearbeitet. Mittels Kaltkleber werden zuerst die Blätter, dabei auch die samtweichen des Wollziests oder Hasenohrs, aufgeklebt, dann darüber die Blüten. Dazu ein paar Ranken und grüne Triebe von sukkulenten Stauden oder hartlaubigen Kräutern und das **Kränzchen** kann ins Haar gebunden werden.

Am bandumwickelten Gardinenring ist der tropfenförmige **Brautschmuck** befestigt. Dazu wird durch den zylindrisch geformten Steckschaumkörper mittig ein Draht geführt, der am Ring befestigt wird. Damit nichts ausreißen kann, wird ober- und unterhalb jeweils ein Knopf oder eine Unterlegscheibe fixiert. Nun können die Blüten eingesteckt und das Ganze noch mit angeknoteten Satinbändern geschmückt werden.

Soll's schnell gehen, werden für die **Tischdeko** einfach zwei farblich passende oder mit Rosenmustern bedruckte Pappbecher ineinander gestellt. Der innere Becher wird im oberen Bereich mit verschiedenen Bändern geschmückt und mit Wasser gefüllt. Nun können die überwiegend rosafarbenen Blüten eingesteckt werden, so beispielsweise Akelei, Rosen, dazu blühende Gräser.

Die mit Rosenmuster und in rosigen Farben gestalteten Kartonagen für kleine Geschenke wie Kosmetika, Pralinés oder Blütenpotpourris, sind zusätzlich mit jeweils einer aufgeklebten Rosenblüte mittels Kaltkleber verziert.

Blüten dürfen nur mit sogenanntem Kaltkleber verklebt werden. Andere schädigen unter Umständen durch aggressive Inhaltsstoffe oder Hitze die lebenden Produkte. Verschließt man die Stängelschnittstelle mit einem Tropfen Wachs, trocknen sie weniger schnell aus und halten länger frisch.

Verführerisch sind hier dunkelrote, gefüllt blühende Rosenblüten mit rosafarbenen kombiniert. Kristallgläser, teilweise in Rot, dienen als Vase, eine zweietagige **Silberetagere** als Rahmen, dem angeknotete Bänder und grün beblätterte Efeuranken die vitale, verbindende Akzentuierung verleihen.

Wissenswertes

Rote Rosen von Lust bis Leidenschaft

Rot muss sie sein, blutrot. Wer seiner Liebsten oder seinem Liebsten durch die Blume sagen möchte: "Ich liebe Dich!", der verschenkt eine langstielige, dunkelrot Rose. Die rote Rose steht für Erotik, Liebe und Weiblichkeit. So gibt es kaum einen Kavalier, der nicht mit einer einzigen, langstieligen Blume in der Hand seiner Angebeteten seine Liebe offenbart! Vor allem zur Hochzeit oder zum Valentinstag verschenkt man den Herzallerliebsten rote Rosen.

Generell gilt die Rose seit jeher als die schönste Blume. Die Jungfrau Maria wird häufig mit dieser Blume symbolisiert. Doch vor allem die weiße Rose steht für ihre Reinheit und die unbefleckte Empfängnis. Bescheidenheit, Demut und Unschuld sind weitere Assoziationen, die sich mit der weißen Rose verbinden. So wird sie gerne bei Hochzeit zu Beginn eines gemeinsamen Lebens verwendet, aber auch als Ausdruck der Versöhnung.

Wer darüberhinaus besonderen Menschen eine Freude bereiten will, sei es der Mutter, einer lieben Freundin oder einem Freund, kann dies ebenfalls mit Rosen tun. Es muss ja nicht gleich die absolute Liebe sein! Auch mit einem Strauß aus 12 Rosen, gleich welcher Farbe, lässt sich Zuneigung, Anerkennung, Dank und Wertschätzung ausdrücken.

Gelbe Rosen stehen für Kraft, Reichtum und Stärke. Auch symbolisiert die Farbe der Sonne Freundschaft und Glück und wünscht einem lieben Menschen unbeschwerte Freude.

Rosa ist die Farbe der Eleganz, Weiblichkeit und Raffinesse. Mit ihr drückt sich die Bewunderung für eine Frau aus. Abgeschwächter als es die rote Rose vermag, vermittelt die rosa Rose zarte Zuneigung und leichte Liebe. Insofern sind rosa Rosen vor allem beim ersten Date ein hoffnungsvolles Versprechen und kommen garantiert gut an!

"Du bist mir sehr sympathisch" drücken pfirsichfarbene Rosen aus. Respekt und Anerkennung schwingen ebenfalls mit, wenn man mit Rosen in diesem charmanten Ton einen Menschen beschenkt.

Gesundheit wünschen orangefarbene Rosen. Blumen in dieser Farbe stehen für Optimismus und Enthusiasmus, für Energie und Lebensfreude. In zauberhafte Versuchung verführen lilafarbene Rosen. Diese ungewöhnliche Farbe steht für zurückhaltende Liebe, tief empfundene Verehrung und Faszination. Mit ihnen beschenkt zu werden, gibt so manches geheimnisvolle Rätsel auf! Und haben Sie nun Ihre Farbe zum Verschenken gefunden? Keine Sorge, einfach bunt und Sie liegen mit Rosen immer richtig!

Geschmückt mit echten Rosenblüten wird dieser **Gugelhupf** der absolute Star auf der Kaffeetafel! Dazu Gugelhupf auf einen Kuchenteller geben, außen herum mit einzelnen roten Rosenblütenblättern bestreuen und in der Mitte eine rote Rosenblüte, die mit einem Viertel eines Tortenpapiers umgeben ist, in die Kuchenöffnung stecken.

Gugelhupf

Zutaten: 500 g Mehl, 200 g Butter, 100 g Zucker, 1 Prise Salz, 2 Eier, 1 Würfel Hefe, 200 g Milch, 2 TL Rum, 50 g Rosinen

Zubereitung: Rosinen in Rum einlegen, Form buttern. Alle Zutaten verrühren und die Rosinen untermischen. Teig gehen lassen bis er sich verdoppelt hat, in die Form füllen und erneut gehen lassen. Bei 170 °C 45 Minuten backen.

Glasmenagerie LiebhaberInnen von kleinen Fläschchen, Flakons und anderen Glasgefäßen werden mit dieser Idee ihre Lieblinge so recht zur Geltung bringen können. Einfach jedes Glasgefäß mit Wasser und einem Rosenblütentrieb versehen. Langhalsige Fläschchen dabei zusätzlich mit einem Spitzenband versehen. Je mehr und je unterschiedlicher die Glasgefäße sind, desto attraktiver wird der Tischschmuck. Und vielleicht mischen sich noch weiße Astilben und blühende Grashalme darunter!

Rosen-Marmelade

Zutaten
(für 4 Gläser à 250 ml)

10 handvoll frische Rosenblätter, 1 Pck. Gelierzucker (2:1 oder 3:1), 1 Liter Wasser, Saft von 3 Zitronen, 1 Pck. Vanillezucker, Rum

Zubereitung

Die angegebenen Zutaten vermengen und 20 Minuten kochen lassen. Saubere Gläser mit Rum ausspülen, die Marmelade sofort heiß einfüllen und verschließen.

Rosen-Gelee

Zutaten
(für 4 Gläser à 250 ml)

15 ungespritzte Rosenblüten, 1 ½ Liter Wasser, Blütenblätter von 10 ungespritzten Rosenblüten, 1 kg Gelierzucker (2:1), Saft von 2 Zitronen

Zubereitung

Die 15 Rosenblüten in kochendes Wasser geben und 5 Minuten ziehen lassen. Danach die Rosenblüten auspressen und das Wasser durch ein Haarsieb gießen. Mit dem Zitronensaft, den gezupften Rosenblättern und dem Gelierzucker nach Packungsanleitung auf dem Gelierzucker kochen und kochend heiß in die Gläser füllen. Nimmt man rote Rosen zum Übergießen, erhält das Gelee eine satte, rötliche Farbe.

Roter-Rosen-Traum Hier hat der Rosenkavalier ganze Arbeit geleistet! Die roten Rosen sind zusammen mit Hosta-Blättern in eine längliche Form mit Frischblumensteckschaum gefüllt. Dazwischen lugen Esskastanienblütenstände und ein paar Skabiosen hervor.

Die Hand, die
Rosen schenkt, *duftet* stets ein wenig.
Aus China

Für die Herzallerliebste Eine runde Schachtel voller roter Rosenknospen und umflort von einer Efeuranke. Solch ein Geschenk sagt sicherlich mehr als tausend Worte! Die Schachtel ist erst mit Folie, dann mit gewässertem Streckschaum gefüllt und besteckt worden.

Gut gebettet Für das Rosenkissen wurde ein schlichtes Kissen dicht an dicht und in mehreren Lagen mit Rosenblütenblättern mittels Kaltkleber beklebt. Zum Schluss ein paar ganze Blüten und einige Mühlenbeckienranken ergänzen. Solch einem Präsent kann keine Herzensdame widerstehen!

Wahrheit und Rosen
tragen **Dornen.**

Weisheit

Sommerduft Hier spielt der Sommer seine duftende Rolle! Lavendelblüten und Rosen wetteifern um die betörendste Ausstrahlung. Dazu Blüten von Fuchsien, Salvien, Olivenlaub und Blätter vom Purpurglöckchen.

Tafelblüten Zu den schwarzen Früchten des Herbstes wie Holunder- und Brombeeren sowie den flusigen Clematis-Fruchtständen passen die weiß-creme-rosa überhauchten Rosenblütenschönheiten perfekt. Waldrebenranken, zu einem lockeren Kränzchen gewunden, geben den Floralien Halt im wassergefüllten Teller.

Wissenswertes

Damaszener-Rose

Blüten aus dem Iran für unsere Schönheit

Wussten Sie, dass die Rose nicht nur unserer Seele gut tut, sondern auch ihr Anblick uns heiter und freudig stimmt? Vor allem aber gelten ihre Inhaltsstoffe als kostbares und wohltuendes Schönheitsmittel. Denn in Cremes und Badezusätzen sorgen sie für eine naturnahe Wellness und pflegen auf natürliche Art und Weise unsere Haut. Seit alters her schätzten arabische Prinzessinnen die positive Wirkung von Rosenprodukten auf unseren Körper und liebten dabei auch den angenehmen Duft, der ihnen innewohnt.

Iran ist das Land, in dem Rosen für die Kosmetik angebaut werden. Und es ist im Wesentlichen die stark und intensiv duftende Damaszenerrose, die aufgrund ihres hohen Gehalts an ätherischen Ölen den wertvollen Ausgangsstoff für die kosmetische Industrie liefert. In 3.000 Meter Höhe wird sie angebaut, ein trockenes, sonniges Bergklima, das Rosen optimal gedeihen lässt. Früher wiegten sich hier üppig rotblühende Mohnfelder im seichten Bergwind. Doch für den zwar hohe Gewinne abwerfenden aber illegalen Anbau von Opiaten benötigte man große Mengen Wasser, die in dieser extremen Höhe mit nur 12 Zentimeter Niederschlag im Jahr kaum vorhanden sind. So zogen die ortsansässigen Bauern nicht nur den legalen Anbau von Rosen vor, da sie nur ein Drittel des Wassers benötigen, was der Mohnanbau verschlingt, sondern verlassen sich seitdem dank fester Lieferverträge mit den Naturkosmetikfirmen auf gesicherte und legale Einkünfte.

Über 900 Tonnen Rosenblüten werden hier für eines der führenden deutschen Naturkosmetikhersteller angebaut und geerntet, die dann das kostbare und duftende Rosenöl liefern. Um einen Liter Öl zu gewinnen, sind 5 000 Kilogramm Rosen notwendig. Dazu werden die geernteten Blüten an der Sonne getrocknet, bevor sie mit dem gleichen Anteil an Wasser drei Stunden lang gekocht werden. Hier macht sich ein weiterer Vorteil der exponierten Höhenlage bemerkbar: Da das Wasser bereits bei 85 Grad Celsius seinen Siedepunkt hat, können die Extrakte somit weitaus schonender gewonnen und in besserer Qualität weiterverarbeitet werden. Sind die Blüten abgeseiht, extrahieren Destillatoren das Rosenöl für die weitere Verarbeitung in den kosmetischen Produkten.

Rosenöl

Zutaten
(für 2 Flaschen à 250 ml)

Blütenblätter von 6 bis 8 Rosen, 500 ml Sesam-, Mandel- oder Sonnenblumenöl, Apothekerglas

Zubereitung

Für Geduldige: Die Rosenblütenblätter waschen und über Nacht auf einem Handtuch abtrocknen lassen. Das Öl in einen Topf geben und leicht erwärmen. Die Blüten in das Weckglas geben und mit dem warmen Öl übergießen. Das Gemisch mit einem Holzlöffel umrühren und darauf achten, dass alle Blüten mit Öl bedeckt sind. Das Glas verschließen und 2 bis 4 Wochen an einen durchgängig warmen Ort stellen (Fensterbänke werden nachts zu kalt). Anschließend das Öl durch ein Küchentuch abseihen und in Flaschen füllen.

Für Ungeduldige: Das Öl und die Blüten in das Glas geben. In einen mit heißem Wasser gefüllten Topf (= Wasserbad) stellen und auf niedrigster Stufe zwei Stunden durchziehen lassen, dabei nicht kochen lassen! Alle halbe Stunde mit einem Holzlöffel durchrühren und nachsehen, ob noch genug Wasser im Topf ist. Anschließend das Öl durch ein Geschirrtuch abseihen und in Flaschen füllen.

Nur Blüten aus dem eigenen Garten verwenden, da Blumen aus dem Geschäft nicht lebensmitteltauglich und mit Pestiziden behandelt sind! Wer selbst keinen Garten hat, kann Nachbarn, Freunde oder Verwandte danach fragen.

Das zieht alles Blicke auf sich, das **Stillleben** vor dem Fenster. Der Silberpokal aus dem Familienschatz nimmt die sommerliche Fülle auf. Alle Rosen sind mit einem langen Schnitt sauber angeschnitten und dann ins Wasser gestellt worden. Begleitet werden sie von Blüten aus dem Bauerngarten wie Sommerschneeball, Gewöhnliche Kratzdistel, Astilben, Gartendill oder blühenden Gräsern.

Bei dieser **Etagere** werden die Schalen mit etwas Wasser gefüllt und die unterschiedlichen Blüten aus dem Sommergarten hineingelegt. Eine Passionsblumenranke umspielt verbindend die drei Etagen.

Ein Mensch bemerkt
mit bitterem Zorn, dass keine Rose ohne Dorn.
Doch muss ihn noch viel mehr erbosen,
dass sehr viel mehr Dorn ohne Rosen.

Eugen Roth (1895–1976)

Schnell ist der Tisch im Sommer mit rosigen **Blickfängern** geschmückt. Hier zieren zwei bildschöne Blüten in Lachs und Aubergine. Sie stecken in einem einfachen Wasserglas, das in ein mit der Zackenschere rund geschnittenes Stück Gaze gehüllt ist, welches von einem Band gehalten wird.

Hier zieren auf Aluminiumdraht aufgefädelte **Rosenblütenblätter** den Kerzenständer, bei dem die Kerzenteller mittels eines Rundstabes auf einen umgekehrten Eierbecher geklebt wurden. Das verbindende Holz ist dann von den auf Draht gefädelten Rosenblütenblättern umwickelt worden.

In eine breite Schale wird ein Kranz aus Thymiangestrüpp gegeben und in die Mitte der Glaszylinder für das **Windlicht** platziert. Der Mix aus sommerlichen Blüten wird locker und in unterschiedlichen Höhen durch den Thymiankranz in das Wasserreservoir der Schale gesteckt, so dass der wiesige Charakter entsteht.

Passend zum Kerzenschmuck kann auch der **Über-Kopf-Schmuck** in den schlanken Glasvasen für die Festtafel gehalten sein. Dazu jeweils einen Teller auf die Vasen legen. Hierauf passend großen Steckschaumzylinder legen oder Steckschaum entsprechend zurechtschneiden. Den Zylinder dann im unteren oder oberen Randbereich mit getrocknetem Thymiangestrüpp behaften, dazwischen mit den Blüten bestecken. Dabei bewusst einige Trockenranken herabhängen lassen.

Rosenzeit

Wenn die wilden Rosen blühn
An des Feldes Rand,
Frischgemähtes Wiesengrün
Duftet durch das Land,
Wenn in stillen Waldesgründen
Sich die roten Beeren ründen
Und die Sommerzeit verkünden,
Wenn der Himmel blaut so weit –
O du schöne Rosenzeit!

Heinrich Seidel (1842–1906)

Es wird nie rote Rosen regnen.
Wenn wir mehr *Rosen* wollen,
müssen wir mehr Rosen pflanzen.

George Eliot (1819–1880)

Rosenkugel

Das brauchen Sie: Steckschaumkugel, Farbe, Apfelausstecher, weiße Wolle, Glasröhrchen, Stecknadeln, Grannenlilienblatt, Rose, Rosenblütenblätter, Schale

So wird's gemacht: Färben Sie zuerst die Steckschaumkugel. Stechen Sie dann nach dem Trocknen der Farbe mit dem Apfelausstecher ein Loch bis zur Mitte ein. Hier das Glasröhrchen einstecken, dann Kugel kreuz und quer mit dem Wollfaden und dem Grannenlilienblatt umwickeln, die Enden mit Stecknadeln fixieren. Nun Wasser einfüllen, Rose einstecken, die Rosenkugel in eine kleine Schale legen und einige Rosenblätter dazustreuen.

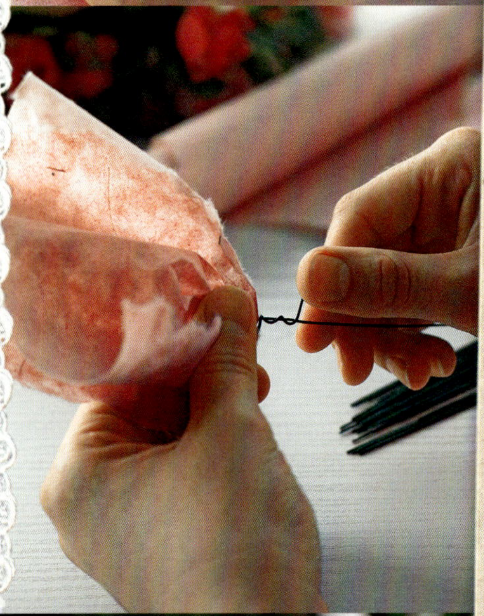

Rosenstrauß

Das brauchen Sie: rosafarbenes, handgeschöpftes Papier, Steckdraht, verschiedene Sommerblüten, Vase

So wird's gemacht: Reißen Sie aus dem handgeschöpften, faserreichen Papier mehrere, ca. 8 x 8 Zentimeter große rechteckige Stücke, falten Sie diese Quadrate jeweils zwei mal und drahten Sie dann die Ecke mit den beiden geschlossenen Kanten an einen Steckdraht. Nun nehmen Sie die Blüten, Gräser und Triebe zum Strauß zusammen und binden regelmäßig die angedrahteten Papiere dazwischen. So erhalten Sie den volumigen Sommerstrauß, bei dem die "Papierblüten" sich harmonisch mit den Rosen und anderen Blumen ergänzen.

Alternative: Natürlich können Sie den Strauß auch ohne die angedrahteten "Papierblüten" zusammenstellen. Dann sollten alle Werkstoffe Kopf an Kopf zusammengelegt werden und somit eine ruhige, geschlossene Straußform ohne ausbrechende Spitzen bilden, bei der die erblühten Rosenblüten besonders gut zur Geltung kommen.

Rosenherz

Das brauchen Sie: offene, herzförmige Steckschaumunterlage, rotes Satinband zum Aufhängen, verschiedene Blüten

So wird's gemacht: Nachdem Sie die Steckschaumform gewässert haben, fixieren Sie das Band zum Aufhängen mittels einer Schlaufe am Herz. Dann werden die Blüten mit kurz geschnittenem Stiel gleichmäßig eingesteckt. Platzieren Sie dabei zuerst die größeren, markanten Blüten, wie die der Rosen und stecken Sie anschließend die Zwischenräume mit den kleinblütigeren Werkstoffen aus.

Rosentöpfchen

Das brauchen Sie: Förmchen mit Steckschaum, Rosen, Schleierkraut, Butterbrotpapier, Satinband, Herzanhänger

So wird's gemacht: Steckschaum aus dem Förmchen nehmen und wässern. Dann wieder einsetzen und mit einigen Rosenblüten und Schleierkraut bestecken. Aus zwei übereinander gelegten Bögen Butterbrotpapier ein ca. 12 x 12 Zentimeter großes Quadrat ausschneiden, das besteckte Förmchen in die Mitte stellen, die vier Ecken des Papiers nach oben um das Töpfchen schlagen und mit dem Satinband fixieren. An das Band den Herzanhänger binden.

Alternative: Wem die Papierumhüllung zu lässig ist, kann das Förmchen auch schlicht mit gemustertem Papier verzieren. Dazu ein Rechteck in der Breite der Förmchenhöhe und in der Länge des Förmchenumfanges ausschneiden und auf die Kunststoffoberfläche kleben.

Rosenetagere

Das brauchen Sie: demontierbare Etagere mit drei Ebenen, runden, farbigen Trockensteckschaum in flacher Zylinderform, verschiedene künstliche Floralien wie Rosenblüten, Früchte, geweißte Ranken und beschneite Tannenspitzen, Stecknadeln, rosa Satinband

So wird's gemacht: Die Etagere auseinanderbauen. Die Steckschaumzylinder mittig mit einem Loch versehen und jeweils auf die Ebene legen. Das passende darüberliegende Etagerenteil wieder einstecken und festschrauben. Nun die Außenfläche des unteren Steckschaums mit beschneiten Tannenspitzen bestecken, den mittleren Steckschaumzylinder mit einzelnen Rosenblütenblättern bekleben und den oberen unbesteckt belassen. Nun alle Oberseiten mit den Rosen und Früchten bestecken. Zum Schluss geweißte Ranken um die Steckformen legen, diese mit Nadeln fixieren und ein Band an der Spitze der Etagere anknoten.

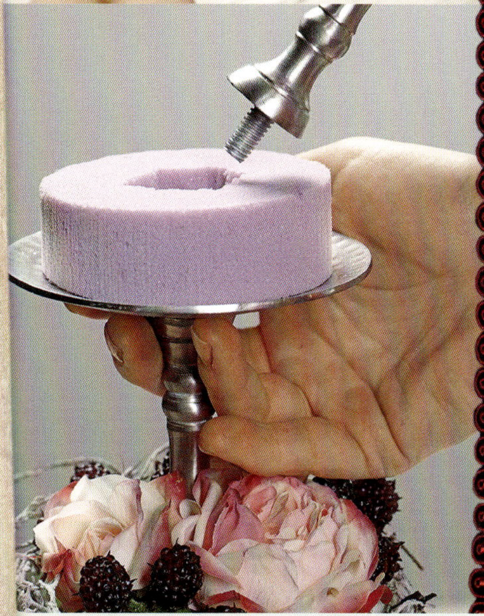

Alternative: Eine Etagere mit zwei Ebenen verwenden. Diese jeweils im äußeren Bereich mit in sich verwundenen Ranken und Bändern belegen und die Mitte mit künstlichen Blüten von Rosen bestecken sowie einigen künstlichen Brombeeren belegen.

Wollherz

Das brauchen Sie: offene, herzförmige Steckschaumunterlage, rotes Band zum Aufhängen, Apfelausstecher, Heißkleber, zweierlei rote und weiße Wolle, Kunststoffröhrchen, rote Rosen

So wird's gemacht: Die eckigen Kanten der Steckschaumform abschrägen und im unteren seitlichen Bereich mit einem Apfelstecher ein Loch durchstoßen. Hier das Kunststoffröhrchen einfügen. Dann die Enden der verschiedenen Wollsorten zusammennehmen und gemeinsam damit die Herzform umwickeln. Die Enden auf der Rückseite festkleben. Das Röhrchen mit Wasser befüllen und der Blüte bestecken. Eine Bandschlaufe drumherum schlingen und damit das Herz aufhängen.

Die wilde Rose

Da droben auf einsamer Höhe
die wilde Rose blüht.
Und wer sie von Ferne gesehen,
in heißer Sehnsucht erglüht.
Zu ihr über Felsen und Klüfte
ein kühner Jäger klimmt.
Schon ist er in nächster Nähe,
das Auge in Tränen ihm schwimmt.

Er will sie erfassen und pflücken
da strauchelt jäh sein Fuß,
des Abgrunds finstere Tiefe
empfängt ihn mit kaltem Kuss.

Dort droben auf einsamer Höhe
die wilde Rose blüht.
Und wer sie von Ferne gesehen,
in heißer Sehnsucht erglüht.

Luise Aston (1814–1871)

Impressum

Herausgeber: BLOOM's GmbH, Ratingen

Styling: Klaus Wagener (Ltg.), Team BLOOM's

Konzeption: Hella Henckel, Mandy Schubert

Text/Redaktion: Hella Henckel

Fotos: Patrick Pantze Images GmbH, Lage;
Weitere Fotos: Annemarie Börlind (S. 92,93); Braut & Bräutigam: Iris Planting (S. 72–77), Rachel Dubbe (S. 64, 65, 68–71); Fotolia: Africa Studio (S. 42, 102), Andrey Khritin (S. 66), chamillew (S. 47), Christian Jung (S. 61), daffodilred (S. 95), designnatures (Vor- und Nachsatzpapier), dusk (S. 94), electriceye (Cover, S. 1, 30, 36, 61, 72, 79, 82, 94), Friedberg (S. 4/5), Jürgen Wackenhut (S. 13), kaidash (S. 104/105), K.-U. Häßler (S. 118), liderina (S. 81), Marty Kropp (S. 43, 102), MK-Photo (S. 65), moonrise (S. 52/53), photographmd (S. 93), picsfive (S. 107, 108, 111, 112, 115, 116), psdesign1 (S. 93), Quanthem (S. 85), Rozmaryna (S. 3, 107, 108, 111, 112, 115, 116), schepers_photogarphy (S. 47), somartin (S. 66), subinpumsom (S. 2), Tryfonov (S. 107, 108, 111, 112, 115, 116), tunedin (Cover, S. 1, 25, 38, 120), Vitaliy Hrabar (S. 12), Voyagerix (S. 59); Gardengirl (S. 30, 34,35)

Grafik Design: Mandy Schubert, Carolin Hetzel

DTP: Bettina Münch

Druck und Binding: Belvédère Niederlande,
www.TheArtOfMakingBooks.de

© BLOOM's GmbH
Am Potekamp 6, D-40885 Ratingen
T +49 2102 9644-0, F +49 2102 896073
info@blooms.de, www.blooms.de

1. Auflage 2016

ISBN 978-3-945429-49-5